教科書の歌

歌い継ごう 日本の歌
～詩・曲の生い立ち、背景にあるもの、歌い方について～

eaching Singing Materials for Elementary Schools, "UTAI TSUGO NIHON NO UTA"
The historical background of poems or melodies and the way of singing

深 貝 美 子

目次

はじめに

Ⅰ　子どもの歌の変遷　　　　　　　　　　　　　　　　　　　　4
Ⅱ　各作品について
　「夏は来ぬ」　　　　　佐佐木信綱　　小山作之助　　5
　「お正月」　　　　　　東　くめ　　　滝　廉太郎　　8
　「海」　　　　　　　　文部省唱歌　　　　　　　　　11
　「浜千鳥」　　　　　　鹿島　鳴秋　　弘田龍太郎　　13
　「背くらべ」　　　　　海野　厚　　　中山　晋平　　16
　「夕日」　　　　　　　葛原しげる　　室崎　琴月　　19
　「揺籠の歌」　　　　　北原　白秋　　草川　信　　　22
　「七つの子」　　　　　野口　雨情　　本居　長世　　25
　「シャボン玉」　　　　野口　雨情　　中山　晋平　　28
　「どこかで春が」　　　百田　宗治　　草川　信　　　31
　「嬉しい雛まつり」　　サトウハチロー　河村　光陽　32
　「たなばたさま」　　　権藤　はな　　下總　皖一　　35
　「みかんの花咲く丘」　加藤　省吾　　海沼　実　　　37
　「みどりのそよ風」　　清水かつら　　草川　信　　　40
　「とんぼのめがね」　　額賀　誠志　　平井幸三郎　　44
　「ちいさい秋みつけた」サトウハチロー　中田　喜直　46

　資料1
　　作品の発表、作詞者、作曲者、初版　　　　　　　50
　資料2
　　作詞者、作曲者の生没、出身、人物、、他の歌作品の一部　52

はじめに

　小学校音楽の歌唱教材には、新しい歌の他に、「共通教材」、「歌い継ごう　日本の歌（注1）」がある。これらは、明治5（1872）年に文部省が音楽教育の必要を説き、音楽教科書を作る為の研究機関、音楽取調掛（1887年に東京音楽学校、のちの東京芸術大学）を創設、諸外国の子どもの歌の取り入れや、西洋と東洋を折衷して、初の『小学唱歌集初編』を誕生させた洋楽導入期から、明治中期・後期の唱歌、民間人の提唱した「赤い鳥童謡運動」。その姿勢に共感した一流の文学者、詩人や作曲家たちが生みだした大正期の童謡、そして、昭和戦前・戦中・戦後に生まれた子どもの歌と、変遷の中で生まれ、歌い継がれてきた歴史のある歌である。これらは、教科書の歌としてだけではなく、どの世代とも一緒に歌え、語れる歌である。ここでは、これらの作品の生い立ちや背景にあるもの、詩人や作曲者の作品に込めた思いなど16曲について探求する。歌い方についても触れたい。日本の大切な歌としての価値を再確認し、歌い継いでいきたいものである。また、教員のテキストしても活用頂ければと思う。

　　　（注1）教育芸術社の「小学校の音楽1～6」岐阜県の使用教科書
　　　［1学年］たなばた／お正月／うれしいひなまつり
　　　［2学年］夕日／とんぼのめがね／シャボン玉
　　　［3学年］どこかで春が／ゆりかごの歌／七つの子
　　　［4学年］みかんの花咲く丘／背くらべ／みどりのそよ風
　　　［5学年］海／ちいさい秋みつけた
　　　［6学年］夏は来ぬ／浜千鳥

Ⅰ 子どもの歌の変遷

　明治 14（1881）年、伊澤修二が中心となった音楽取調掛が生んだ日本初の音楽教科書『小学唱歌集初編』を出版。冒頭の緒言にあるように、「教育の要は徳育智育体育の三者に在る。小学校に在りては、徳性の涵養を要とすべし。」とし、唱歌の歌詞には、日本の四季や自然の美しさ、日本の倫理、教訓を難解な言葉で当てはめ、伝習する価値のあるものを作った。わらべうたについては外された。外国曲においては、短音階は柔弱憂鬱にして哀情はななだしく、これを演奏すれば悲嘆の感情を催し、無力多病な気骨を求める、として長音階を採った。

　明治中期・後期になると、唱歌の歌詞が難しいとの声が上がり、田村虎蔵らが提唱をして、詩は、日常使用している話し言葉体を基調とし、曲は歌って調子づく明快なリズム及び旋律で作られた言文一致の唱歌が生まれた。「うさぎとかめ」「桃太郎」「浦島太郎」など日本の昔話を題材にした作品が多い。共通教材としては、後期には「春が来た」「ふじの山」「日の丸の旗」「茶摘み」「われは海の子」がある。

　大正になると、夏目漱石の門下である児童文学者の鈴木三重吉が「子ども達には、真に芸術性の高いものを与えなければならない」と唱え、画期的な児童文学雑誌『赤い鳥』が生まれた。日本最初の童謡は、「カナリア」。＜唄を忘れた金糸雀（かなりや）は、うしろの山に棄てましょか〜＞は、フランス文学の西条八十の詩で、ファンタジーな世界を詠った詩で、流れるような旋律。『金の船』『コドモノクニ』などの新作童謡詩と楽譜を添えた児童雑誌があとに続き、数え切れないほどの童謡が生まれた。この頃の童謡は芸術性高い。「この道」「赤とんぼ」「ちんちん千鳥」「早春賦」など、現在では、これらの作品は、日本歌曲、芸術歌曲として扱われている。

　昭和になると、大正の感傷的な童謡に対し、「子どもに媚びない、新しい芸術的なこどものうたを作ろう」と、磯部俶の提案で、昭和30（1955）年に　中田喜直、中田一次、宇賀神光利、大中恩の 5 人に

よる『ろばの会』を結成した。「めだかの学校」「ぞうさん」などが生まれ、簡単な旋律であるが芸術的で味のある歌が誕生し、NHKのラジオ番組「歌のおばさん」などによる放送により子どもの歌は、広がりをみた。

Ⅱ 各作品について

　作品についての生い立ちや背景にあるもの、詩人や作曲者の作品に込めた思い、及び、歌い方について述べる。楽譜については、『日本童謡唱歌大系（注）』『原典による近代唱歌集成』を参考にした。歌詞の2番以降については、1番と同じ符割り、歌詞割りで歌えるものについては略してある。速度については、教科書に記された速度は（　）に示した。曲想については、その違いに応じて楽譜を示す、あるいは、本文で触れるとした。

　　（注）本大系は、資料性重視で原典に出来るだけ従う、しかし、信頼できる原典が特定できないものについては、音楽的要素と資料的要素とを勘案して適当と判断した楽譜を原典とした。著作者本人に確認したり、複数の楽譜を折衷して用いた場合もある。

「夏は来ぬ」　佐佐木信綱作曲　小山作之助作曲
　　　　　　ハ長調　4分の4拍子　♩＝92（♩＝96〜104）

1　卯の花の　匂う垣根に、
　　時鳥　早も来なきて、
　　忍音もらす　夏は来ぬ

2　さみだれの　そそぐ山田に
　　早乙女が　裳裾ぬらして
　　玉苗植うる　夏は来ぬ

3　橘の　かおる軒場の
　　窓近く　蛍飛びかい
　　怠り諌むる　夏は来ぬ

4　楝散る　川べの宿の
　　門遠く　水鶏声して
　　夕月すずしき　夏は来ぬ

5 五月闇、蛍飛びかい
　水鶏鳴き　卯の花咲きて
　早苗植えわたす　夏は来ぬ

（楽譜1）

　明治28（1895）年、当時、東京音楽学校の助教授をしていた作曲の小山作之助が、国民唱歌集を作ることになり作曲をした。そして、この曲に日本風の詩を付けてほしいと、佐佐木信綱に依頼をした。佐佐木は、万葉集研究の第一人者である代々歌詠みの家柄で、彼自身も4～5歳の頃から万葉、古今等の歌を暗唱させられていたのであるが、この頃は、歌人として名が知られ始めた頃で、声を掛けられたことがとても嬉しくて、歌詞作りをした。完成した作品「夏は来ぬ」は、その翌年の明治29（1896）年発行の『新編教育唱歌集（五）』に載った。

　歌詞は、特定の土地や情景を描写したのではなく、歌人の佐佐木らしく、古歌から言葉を採り、初夏の情景を、五、七、五、七、七の三十一文字の末尾に、五文字＜夏は来ぬ＞を共通して付けた詩である。

　＜卯月の花＞を、＜卯の花＞と呼んだのであるが、1番の＜卯の花＞とは、5～6月に白い花を咲かせる庭木や生け垣などによく使われる落葉低木ウツギの花のこと。万葉集の和歌には、「卯の花の咲く月立ちぬほととぎす　来なきとよめよ含みたりとも」のように、＜卯の花＞を詠

ったものが多く、＜時鳥＞との組み合わせ構図があり、それらが下敷きになっているようである。＜忍び音＞とは、ホトトギスの鳴き始めの、声をひそめて小さく鳴く声のこと。2番は、山村の田植えの様子を歌っているが、これは、平安時代の『栄花物語』に、＜五月雨（さみだれ）に　裳裾濡らして植うる田を　君が千歳のみまくさにせむ＞とあり、ここから言葉を採ったようである。＜橘＞とは、ミカン科の高木で柑橘類の一種のこと、＜怠り諫むる＞とは、怠けてはいけないと忠告すること、＜五月闇＞とは、月も星も出ていない梅雨時の闇夜のことであるが、3番の＜橘＞と、5番の＜五月闇＞の言葉は、『源氏物語』の＜五月闇花橘に吹く風は　たが里までかにほひゆくらん＞から採ったようである。＜橘＞と＜時鳥＞、＜五月闇＞と＜水鶏＞の組み合わせもあるようである。他にも『古今和歌集』や、中国の故事『蛍雪の功』からも手掛かりを得たようである。

　他に分かりづらい言葉は、＜棟（おうち）＞とは、夏に花を付ける栴檀（せんだん）の木のこと。＜宿＞とはここでは家のこと。＜水鶏＞は水辺で小魚を食べる夏鳥。多くは夜行性。鳴く声が、キョッキキョッキと高音で鳴くので、(戸を)「たたく」といわれるようである。歌詞の5番は、1～4番までの歌詞の単語を再び並べて、夏が来る様子をまとめて表現した。

　このように、明治期の歌詞は、子どもに分かりづらい言葉ではあったが、格調は高い。

　旋律の歌詞付けにおいては、教科書の年版により何度も修正された。変更された3，4，5番の歌詞付けついては、次のようである。

　（楽譜１）が、昭和22年版の歌詞付けで、それ以降は同じである。このように、言葉が上手くメロディに乗るようにと、何度も検討が繰り返されたことが分かる。戦後の教科書では、歌詞が難しいからとの理由で、１～５番の途中を抜かしたりしたようである。

　初夏の情景を描いた歌詞、歌うときは、出だしは落ち着いた感でなめらかにのびのびと歌いたい。（楽譜１）の５小節目以降の、ｍｆ、ｆ、クレッシェンド、デクレッシェンドは教科書に記された曲想であるが、原典の楽譜には書かれていない。しかし、曲想をつける方が、５小節目から曲の山に向かうに相応しく、十分クレッシェンドして、＜夏は来ぬ＞を生き生きと歌いたいものである。１～５番を続けて歌っていくことで、初夏の風景の様子が次第につかめてくるので全部を通して歌いたい。

「お正月」　　東くめ作詞　滝廉太郎作曲　　ヘ長調
　　　ヨナ抜き長音階（注１）４分の４拍子　♩＝138（♩＝104~112）

　　１　もういくつ寝ると　お正月
　　　　お正月には　凧あげて
　　　　独楽をまわして　遊びましょう
　　　　早く来い来い　お正月
　　２　もういくつ寝ると　お正月
　　　　お正月には　鞠ついて
　　　　追羽根ついて　遊びましょう
　　　　早く来い来い　お正月

　明治時代の子どもの遊びは、多くが、伝統的遊びで、一人ではなく、みんなで一緒に遊ぶもの、竹馬、木登り、チャンバラ、蜻蛉取り、魚釣り、鬼ごっこ、お手玉、カルタ、おはじきなどである。歌詞の中にある遊びをみると、まず＜凧揚げ＞。男の子たちは原っぱで、空に凧をあげるだけではなく、ほかの凧を落としたり、糸を切ったりする＜けんか凧＞遊びもした。＜こままわし＞は、上手く回せるように何度も練習をしてコツをつかみ、こまどうしをぶつけ合う遊びもした。女の子は、＜羽子板＞で、羽根を打ち合う。失敗するとルールで顔に墨を塗られた。＜まりつき＞は、地方で歌われるさまざまなまりつき歌を歌いながら遊んだ。この「お正月」は、それらの子どもの生活と童心の喜びの様子を詩にしたものである。

　明治中期頃までの歌は、古語を交えた文語体のものばかりで、子どもたちには理解が難しいものであったが、東くめの夫である基吉は、自身が務める女子高等師範学校の附属幼稚園で歌わせる歌を、「難しい文語体の歌詞ではなく、口語体の歌詞で、子どもに分かりやすい、子どもが喜んで歌える歌を作ってほしい。」と、くめに依頼した。東京の女学校で音楽教師をしていて作詞者でもあったくめは承諾し詩を作った。曲は、同じ音楽学校で学んだ２年後輩で、天才ともいわれた作曲家の滝廉太郎に相談をもちかけた。快い承諾をもらい、完成へと至った。

時を同じく、明治32、3年頃から口語体の歌が生まれだしたが、＜まさかりかついで　きんたろう＞の「きんたろう」、＜昔昔うらしまは＞の「うらしまたろう」、＜裏の畑でぽちがなく＞の「はなさかじじい」、＜もしもし亀よ＞の「うさぎとかめ」、＜京の五条の橋の上＞の「牛若丸」など、日本の昔話や伝説の主人公の歌が多くを占めた。

　のちになって、昭和35（1960）年1月14日の朝日新聞夕刊に、くめ訪問の記事があり、≪口語唱歌の元祖≫と紹介され、その記事の中で、「お正月」の歌詞が出来上がったきっかけを「浅草の観音様の境内で、無心に鳩とたわむれている子どもたち、そんな、平和の姿を心に浮かべながら作った」と、自身が語っている。くめは、92歳という長寿で亡くなった。

　作曲の瀧廉太郎は、日本では二人目の文部省外国留学生として、明治34（1901）年、ドイツへ渡りピアノや対位法などを学んだが、出国して数ヶ月で肺結核を発病し、現地で入院治療するが病状は改善せず、翌年に帰国した。しかし、明治の唱歌導入期頃、日本語を、あるいは訳詞を外国曲に無理にはめ込んだ歌がほとんどであった中、廉太郎は、文部省編纂の『中学唱歌』に掲載された、「荒城の月」、「箱根八里」など、現在でも中学校教科書に載る、歴史に残る作品を生んだ日本を代表する作曲家である。他にも、明治33（1900）年作曲の「花（4曲からなる組曲『四季』の第1曲）」は、日本初の合唱曲である。病弱であった廉太郎は、東くめとは対照的に、23歳の若さで亡くなった。

　『日本童謡唱歌大系Ⅰ』記載の楽譜には、♩＝138と早めのテンポが記され、2小節毎に、クレッシェンドとデクレッシェンドがある。しかし、歌うには速すぎるテンポではないか。『原典による近代唱歌集大成原典印影Ⅲ』の楽譜（注）には、速度記号、強弱記号は見当たらないが、そのCD演奏（注2）を聴くと、♩＝104位で演奏されている。

　歌い方は、旋律の出だしと終わりに、2分音符と4分音符、中間部だけ8分音符で書いて対比させているので、始めは伸びやかに、中間部は、休符でしっかりと息を吸って、ことばをしっかり発音したい。5～8小節は1音1音区切らずに、＜お正月には／凧上げて／こまをまわして／

遊びましょう＞と、1 小節内の歌詞のまとまりをつかみたい。特に、原典では、歌詞の＜お正月＞に対し、＜おしょうぐわつ＞とふりがなを付けている。＜が＞を＜ぐわ＞のように、はっきりと発音したい。9 小節目からは、音の上行に従って声量を増して、お正月を楽しみにする嬉しい気持ちで歌いあげたい。

（注１）7音＜ドレミファソラシ＞を＜ヒフミヨイムナ＞と読み、第4，7音（ヨナ）を抜いた音階／（注２）楽譜『原典による近代唱歌集成Ⅲ』190P、CD　KCDK-1399

「海」（文部省唱歌）作詞・作曲不詳
　　　　ヘ長調　4分の3拍子　♩＝84　（♩＝80~88）

1　松原遠く　消ゆるところ　　　　2　島山闇に　著きあたり
　　白帆の影は　浮かぶ　　　　　　　　漁火　光り淡し
　　干網浜に　高くして　　　　　　　　寄る波岸に　緩くして
　　かもめは低く　波に飛ぶ　　　　　　浦風軽く　沙吹く
　　見よ昼の海　見よ昼の海　　　　　　見よ夜の海　見よ夜の海

「音楽取調掛」は、明治20（1887）年の『尋常小学唱歌』発行時には、「東京音楽学校」と名を改めた。この頃の作品は、国文学者や詩人が歌詞を書き、東京音楽学校作曲科の主任を務めるような教授が作曲をしたのであるが、作者名は伏せて、文部省唱歌として発表された。理由としては、著作権のない時代でもあるし、あくまでも文部省の唱歌。複数の人間によって編纂されることもあり、個人を作者として特定するのが難しいことがあげられる。その後、唱歌作りは、昭和15（1940）年まで続くが、昭和22（1947）年、学校教育法が新たに制定され、文部省の検定を経た教科書を使う検定制度が採用されるようになり、作詞者、作曲者は表に出されるようになった。しかし、先のような理由と、長年の経過で作者の特定が難しいこともあり、その場合は作者不詳と記されてある。

　「海」は、大正2年発行の『尋常小学唱歌』の第五学年用の教科書に掲載されて以降は、『新訂尋常小学唱歌　第五学年』、『初等科音楽三　第五学年用』、『五年生の音楽』に掲載された。昭和33年、昭和43年の第五学年用として、「小学校音楽共通教材（歌唱）」として選ばれていたが、昭和53年から外された。のちに、平成21年発行『小学生の音楽5』（教育芸術社）に掲載された。

　歌詞は文語体。1番は昼の海、2番は夜の海、のどかな夏の海の風景を詠んでいる。訳すと、
1　海岸の松の木が消え果てる先に、白い帆の舟が浮かんでいる。
　　漁をする網が浜辺に高く干されている。
　　かもめは波近く低く飛んでいる。
　　見よ、昼の海を
2　闇の中に、島の形が山のようにはっきりと見える辺りに
　　漁り火の光が淡く浮かんでいる。
　　波が岸辺にゆるく寄せて
　　海辺を吹く風は、浜の砂に吹いている。
　　見よ、夜の海を。

　歌詞の＜干網浜に高くして＞は、日本海をイメージしたのではなく、瀬戸内海あたりがモデルではないかという説もあるが不明。＜干し網＞

とあるが、これは、浜に、胸辺りの高さで数メートルに渡り木組みをして、網を張った台に、捕った魚介類を干す＜干し網＞ではなく、漁を終えた地曳網を、数メートルに渡り、背丈よりは高めの位置まで木組みをした台に干す＜網干し＞のことであろう。

　歌う前には、朗読して言葉のまとまりとリズムを捉えたい。曲は3拍子。＜タタタンタン＞のリズムが多くを占めるが、リズムを強調せずに1小節を一つに数えるような緩やかさをもって、美しい旋律を心地よく歌いたい。最後のフレーズは、＜ターアータン｜タタタンタン｜ターアー（ｳﾝ）（みーよ　ひるのうみー）＞が2回繰り返されるが、たっぷりの声で堂々と歌いたい。特に＜見ーよ（mi-yo）＞の2分音符は、＜ｉ＞の母音を意識して十分に保持して歌い、フレーズ最後の2分音符＜み（mi）＞は、休符をブレスとし、それ直前ぎりぎりまで音を十分伸ばして歌うと、途切れずなめらかな表現となり、穏やかな海を表現するにふさわしい。

「浜千鳥」　鹿島鳴秋(めいしゅう)作詞　弘田龍太郎作曲
　　　　　　変ホ長調　ヨナ抜き長音階　4分の3拍子
　　　　　　やわらかに　♩＝88　（♩＝108〜116）

1　青い月夜の　浜辺には
　　親を探して　鳴く鳥が
　　波の国から　生まれ出る
　　濡(ぬれ)た翼の　銀の色

2　夜鳴く鳥の　悲しさは
　　親を尋ねて　海こえて
　　月夜の国へ　消えてゆく
　　銀の翼の　浜千鳥

　この歌は、夏の海を詠っているのではなく「冬」を詠っている。千鳥はどの季節にもいる鳥であるが、俳句の季語でも冬である。鳴秋自身も、「春や真夏の夜などに、『浜千鳥』が放送されると、そのこと自体はうれしいのだが、≪季≫がはずれているので、変な気持ちになる。あの千鳥は、冬の凍てつく厳寒に皎々（こうこう）とした月の光の浜辺の千鳥なのだから（注1）」と語っている。また、千鳥については、衣を裂くような、キーキーとした鳴き声で、夜更けなどに聞くと、やりきれないような気持ちをおこさせるといわれる。

　鳴秋は明治24(1891)年の生まれ。6歳の時、父親が失踪し、まもなく母は他家へ再婚、祖父母に引き取られ育てられたが、のちに祖父が他界。祖母も鳴秋21歳の時に他界。

　その後、処女作が入選し、童謡作家、童謡詩人となり結婚。長男が誕生する。しかし、自身の児童雑誌『少女界』が不振で自宅を売却。その失敗から妻と長男とは別居。今度は娘が肺結核となり、療養のために千葉県和田町の和田浦に移住したが亡くなる。今度は、夢を追い単身で満州に渡るが、敗戦で帰国した時には、先妻も息子も戦災で亡くなっていた。晩年は、大連で再婚した妻と埼玉県で児童文学の普及に努めた。

　この詩は、鳴秋28歳の時の詩である。この詩を作ったときの話を、鳴秋から直接聞いたという児童文学者の斉藤了一は、昭和29（1954）年の新年の童話会の中で、みんなで、鳴秋も一緒に「浜千鳥」の歌に、

小学校で習った遊戯を付けて楽しくダンスを踊ったときのこと、いつもはきびしい光をたたえている鳴秋の目から、キラキラと涙がしたたり落ちたという。その理由を尋ねると、鳴秋は、「あの『浜千鳥』はね、子どもをなくしたときに書いたものなんだよ。そうだな、生きてたら、君くらいかなあ。あのとき、ぼくは、『おれをおいて、どこへ行っちまったんだ!』と、腹たってたな。机に向かっても、何かにおこってみたくなる。そこで、散歩にいったんだ。ポツリ、ポツリ、歩いているうちに、『いや、おれをおいて行ったんじゃない。ただ、遠くへ行って、おれを探しているんじゃないのかな』って、思うようになったんだ。そう思ったら、すらすらと、一番の詩がでてきた。と思ううちに、子どものやつ、だんだん、おれのいる反対の方へ行っちまった。それが、二番目だ（注2)」と。

　この告白を聞いた半年後に、鳴秋は63歳で亡くなった。居住にはわずかな所帯道具があるだけで、ひどく質素な生活ぶりだったといわれる。

　弘田龍太郎は、東京音楽学校でピアノ、作曲を学び、ドイツ・ベルリンでもピアノと作曲を本格的に学んだ。童謡だけでなく、民謡の研究、オペラも作り上げたりと作曲活動は幅広い。弘田は、生まれは高知県安芸市であるが、千葉を経て、多感な10歳か17歳までの少年時代を三重県津市で過ごした。この曲は、子どもの頃見慣れた津の遠浅の阿漕裏(あこぎうら)海岸をイメージして作曲されたのではないかと言われている。
　曲についていえば、当時は2拍子や4拍子の歌が多かったが、これは流麗な美しい旋律の3拍子である。しかも、風格高い。弘田は、自身の作曲した童謡について「曲によっては、少しむずかしい節があります。けれど、むずかしいからと申して捨ててしまわずに、おけいこをしてみていただきたいとおもいます。やがて、お上手にお歌いになることが出来るでしょう。(中略) はじめ嫌いであった曲でも、おけいこしてゆくうちにだんだん好きになることがあります。それは、くり返しくり返し歌ってゆくうちに、その曲の面白味が出て来るからです。(後略)(注3)」と思いを述べているが、正に、この曲についても当てはまるのである。

　歌うときに、まず気を付けるのはテンポ設定である。速すぎてはいけ

ないが、ゆっくりすぎると息が続かないので注意。2分音符と4分音符で構成した単純リズムの繰り返しの旋律は、全体32小節であるが、8小節毎を一つの大きな区切りと考え、途中4小節目のブレスは、付点2分音符の長さをしっかり保持しながら、大きな間を開けず瞬時に、深く吸うことが重要。吸った息は下腹の方、下へ、下へと感じると良い。曲の山の＜波の国から生まれ出る＞は、鼻腔の共鳴を失わずに、しっかりと、のびのびと歌いたい。感傷的歌詞であるが、切ない気持ちに浸りすぎずに、しかし、＜青い月夜＞＜波の国＞＜銀の色＞＜月夜の国＞などの言葉の発音を鮮明にし、それらの言葉から感じ取れる色や情景を頭に描いて優しく歌いたい。皎々とした月の光で、海面が輝いている様、夜空までもが青く美しく見える様を感じて、なめらかに歌いあげたい。

(注1)『童謡さんぽ道 上』P149より引用
(注2)『童謡のふるさと』P 156より引用
(注3)『あした童謡詩人清水かつら』p64より引用

「背(せい)くらべ」　海野　厚作詞　中山晋平作曲
ニ長調　6音長音階　4分の3拍子　♩＝96（♩＝92~100）

1　柱のきずは　おととしの
　　五月五日の　背(せい)くらべ
　　粽(ちまき)たべたべ　兄(にい)さんが
　　計(はか)ってくれた　背のたけ
　　きのうくらべりゃ　何のこと
　　やっと羽織の　紐(ひも)のたけ
2　柱に凭(もた)れりゃ　すぐ見える
　　遠いお山も　背(せい)くらべ
　　雲の上まで　顔だして
　　てんでに背伸(せのび)　していても
　　雪の帽子を　ぬいでさえ
　　一(いち)はやっぱり　富士の山

　海野厚は静岡の生まれで、実家からは富士山が望めた。19歳で静岡を離れ、早稲田大学の文学部に進学し、在学中から児童雑誌『赤い鳥』への童謡の投稿をしていた。選者であった北原白秋からは、投稿の作品に、「伝習を離れた新鮮さがあり、調子もよく童謡としてはすぐれたものです。(注1)」と評価をされ、童謡詩人の道を歩み始めた。こんな頃、作曲家の小田島樹人と出会い、彼を通じて作曲家の中山晋平とも知り合うことになる。小田島は「おもちゃのマーチ」の作曲者である。この「背くらべ」は、東京日日新聞（現在の毎日新聞）に投稿して入選した作品である。

　日本は、いつからであるか、家の柱に背中をあてて、頭の高さのところに印を付けて身長を測った。成長する子どもの様子を印したのである。海野は7人兄弟の長男で、妹が3人、弟が3人いたが、この家庭でも同じように、5月5日が近づくと、海野は大学から実家へと帰り、そのたびに妹弟の背丈を測ってやり、それを楽しみにしていたようである。この『背くらべ』は、その時の、海野兄弟の実際の生活の様子を詩にした。特に17歳年下の末の弟春樹の立場をモデルに詠んだのである。海野は、精力的に子どもの歌の創作に取り組んでいたが、結核を患い、毎年5月5日には帰郷していたのに、ある年は帰ることが出来なかった。そのこと

が、「柱のきずはおととしの」である。実際は「おととし」ではなく「昨年」であったらしい。最初は、この詩は1番のみであったが、レコード化するにあたり、そして、病弱だった海野を気遣い、励ます気持ちもあって、作曲家の中山晋平が、1番だけでは短すぎると、詩の書き足しを促し、海野は気力で2番を一晩で書きあげたのである。この2番が出来たことで、5月5日のイメージが広がる。晋平は当時、北原白秋の「アメフリ」の作曲に取り組んでいたが、海野の容体が思わしくないので、「背くらべ」の方を優先して作曲した。海野はその曲が完成した2年後に、28歳の若さで短い生涯を終えた。

　歌詞に、＜粽食べ食べ＞とあるが、「ちまき」や「柏餅」を食べるのは、「米の粉やくず粉を笹などの葉で包み、い草で縛って蒸した餅のちまきは、霊をなぐさめる」という中国の伝説に由来し、5月5日に食すものとして各地に広まった。日本では、江戸時代に季節の変わり目の年中行事として、五節句の祝日が制定され、お正月の元旦だけは特別で、1月7日の人日(じんじつ)は、七草粥を食べる「七草の節句」、3月3日の上巳(じょうし)は、身代り人形に汚れをうつして川に流す、のちに、ひな祭りとなった「桃の節句」、5月5日の端午(たんご)、男子の立身出世を願う「端午の節句」あるいは、「菖蒲の節句」、7月7日の七夕(しちせき)、「笹の節句」、9月9日の重陽(ちょうよう)は、菊の花を飾り、邪気を祓って長寿を祈る「菊の節句」がある。制度は明治6年に廃止されたが、3月、5月、7月の行事は今に残る。
「端午の節句」については、端午の＜端＞が＜初（月初めの午(うま)の日）＞の意味があり、＜午＞が＜五＞を指し、五月五日を端午の節句というようになった。武事を尊ぶ平安時代では、「勝負」や「尚武(しょうぶ)」と、「菖蒲」の「しょうぶ」という同じ音の読み方にその意味を重ね、「しょうぶ」を頭や身体につけたり、「しょうぶ湯」に入ったりする風習が生まれた。江戸時代には、中国の「龍門を登って鯉が龍になった」という故事にあやかって、男の子の出世や健康を願って、「鯉のぼり」を立てたり、武将人形を飾ったりした。昭和23（1948）年には、5月5日は、祝日「こどもの日」と定められた。

中山晋平の作曲は3拍子、＜タタタンタン｜タタタンタン＞と、繰り返される軽快な曲である。4拍子が主流であった当時としては3拍子は、新鮮で、斬新であった。ヨナ抜き音階で作られた作品が多かった当時としては、＜シ＞だけを使わない、＜ド・レ・ミ・ファ・ソ・ラ＞の6音長音階も新鮮であった。

　歌うときは、＜たべたべ＞＜くらべりゃ＞＜もたれりゃ＞とか、日常語の分かりやすい言葉であり、親しみを持って歌いたい。1小節を3つに分けて歌うより、1小節を1つに捉え、ゆったり感を持つとのびやかに歌いやすい。2番の＜一の山＞は、日本の美しい富士山に誇りを持ってたっぷりと歌いたい。

　　　　　　　　　（注1）童謡と唱歌　歌唱の歴史1　p96より引用

「夕日」　　葛原しげる作詞　室崎琴月作曲
　　　　　ホ長調　ヨナ抜き長音階　4分の2拍子　（♩＝96~104）

　　1　ぎんぎんぎらぎら　夕日が沈む
　　　　ぎんぎんぎらぎら　日が沈む
　　　　まっかっかっか　空の雲
　　　　みんなのお顔も　まっかっか
　　　　ぎんぎんぎらぎら　日が沈む

　　2　ぎんぎんぎらぎら　夕日が沈む
　　　　ぎんぎんぎらぎら　日が沈む
　　　　烏（からす）よ　お日を　追っかけて
　　　　真っ赤に染まって　舞って来い
　　　　ぎんぎんぎらぎら　日が沈む

　夕日はどこの土地に居ても見られるのであるが、葛原しげるの生まれた広島の神辺平野は、山に囲まれた盆地で、横に長く、長々と夕日が照りつけ、夕日の綺麗な町といわれる。汚れのない空気の中で綺麗なお日さまが山に入る。沈む夕日は、昇る朝日に比べると、寂しげ、叙情的なイメージを感じるが、この土地の夕日は、詩にもあるように、＜ぎんぎんぎらぎら＞が相応しい。最初に詩を作ったときは、＜きんきんきらきら＞と濁らない言葉を付けたが、当時、小学生だった娘から、「きらきらは朝日で、ぎらぎらは夕日」と教えられ、詩を直したのである。濁る言葉は、余り良しとされないが、この「夕日」においては、娘の感性を生かしたことで、長い時間を掛けて沈む神辺平野のまぶしいほどの＜まっかっかっか＞の夕日を相応しく表した。自身も、「八尋から西方の山あいに沈む夕日を思い浮かべて書いた。真っ赤に燃えて沈む夕日、あれは光が強いので、キラキラではなくギラギラだ。」と。幼い頃見たこの美しい光景を、東京で思い浮かべながら詩にしたという。
　葛原は、東京の小学校や女学校に長年勤め、故郷の神辺町に疎開してからは、校長をしながら作詞を続けた。「いつもニコニコピンピン元気で明るく」を自らのモットーとし、「ニコピン先生」として親しまれた。

作曲の室崎琴月は、2歳の時に、股関節脱臼で適切な治療がされず、のちの手術でも完治せず、片足が不自由になったようである。娘の信子は、「そんなことも原因し、楽器の演奏や作曲に興味を持つようになったのではないか」と語る。中学校時には、小遣いを貯めてバイオリンを買い、蔵に隠れて練習に励んだといわれる。高岡の古城公園では季節を楽しみながら、自分で線を引いた五線紙に、風の音や花を音楽にしようと音符を書いて楽しむ少年だった。のちに、室崎は音楽の道に進みたいと決意をもって上京したが、ピアノに触るのも初めてで、他の人よりも忍耐強く何倍もの練習をして、念願のピアノ科に入学ができたのである。音楽学校では教授で作詞家としても有名な吉丸一昌の詩に室崎は曲を付けたが、曲想の感じ方や旋律を褒められ、作曲の才能も見いだされた。音楽学校を卒業したあと、研究科に進んで学ぶ一方、私立の中央音楽学校を創設し校長となった。室崎は夕日を見るのが好きで、「父がいないなと思うと、家の近くの坂の上に自転車で出掛けて、夕日を眺めているのです。80歳くらいまで始終見ていました。『夕日ほどきれいなものはない。見ていて心が洗われる。みんなが夕日を見ていれば悪人もなくなる』といっていました。」と信子はいう。

　室崎とこの詩との出会いは町の書店。児童雑誌『白鳩』に掲載の「夕日」の詩を見つけ、自然を美しく歌った詩に感動した。その時の詩は、＜ぎんぎんぎらぎら　夕日が沈む　ぎんぎんぎらぎら　日が沈む　まっかっかっか　空の雲　みんなのお顔も　まっかっか＞であった。室崎は、葛原とは面識もなかったが、作曲させて欲しい、しかも、曲を付けるには最後の方が物足りないので、＜ぎんぎんぎらぎら　日が沈む＞を付け加えたいと申し出たのである。当時の葛原は大活躍で名前も知られる人であったが、室崎の訪問を喜び、「そのアイデアはすばらしい。君に任せるから、いい曲を付けてくれたまえ。」と励まされ、こうして「夕日」が誕生した。5～8小節の＜ぎんぎんぎらぎら日が沈む＞と同じメロディを、最後に付け足し、＜ぎんぎん～＞と繰り返したのである。作曲したときに、そこが一番苦心したところだという。出来上がった楽譜は、謄写印刷して、自分の弟子である小学校の先生たちを通じて、東京都内の子どもたちに教えるように取りはからった。

歌うときは、出だし＜ぎんぎん　ぎらぎら＞と濁った発音ではあるが、その言葉がこの歌を生き生きとさせている大切な言葉となる。アクセントが付けられてもいるように、沈んでいく大きな太陽が真っ赤にまわりを染めている広大な感じで、じめじめせずに堂々と、一語ずつ歯切れ良く元気に歌いたい。次いで、＜まっかっかっか＞と、はずむ言葉は、躍動感を生み出しているので、同じように歯切れ良く歌いたい。それらに続く、＜ゆうひがしずむ＞＜ひがしずむ＞や、＜そらのくも＞は、なめらかに歌うと、メリハリのある豊かな表現が生まれる。

「揺籃(ゆりかご)の歌」　北原白秋作詞　草川　信作曲
　　　　　　　　　　ヘ長調　ヨナ抜き長音階　4分の2拍子
　　　　　　　　　　軽やかに　♩＝56　（♩＝44〜48）

　1　揺籃の　うたを
　　　カナリヤが歌う　よ
　　　ねんねこ　ねんねこ
　　　ねんねこよ
　2　揺籃のうえに
　　　琵琶の実が揺れる　よ
　　　ねんねこ　ねんねこ
　　　ねんねこよ
　3　揺籃のつなを
　　　木ねずみが揺する　よ
　　　ねんねこ　ねんねこ
　　　ねんねこよ
　4　揺籃の夢に
　　　黄色の月がかかる　よ
　　　ねんねこ　ねんねこ
　　　ねんねこよ

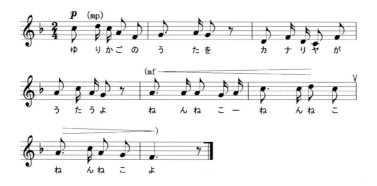

　北原白秋の作品は数多く、種類も多岐である。言葉の魔術師、不世出の天才、白秋の資質と才能のすぐれた部分が、童謡のなかに最も豊かに発揮されているといわれる北原白秋。「新しい日本の童謡は根本を在来の日本の童謡に置く。日本の風土、伝統、童心を忘れた小学唱歌との相違をはっきりさせる。童謡とは童心童謡の歌謡である。私の童謡に少しでもまだ大人くさいところがあれば、それは私がまだ本当の子どもの心に還っていないからなのです」といった白秋。最初の時期には、＜赤い鳥、小鳥、なぜなぜ赤い。赤い実をたべた＞の「赤い鳥小鳥」や、この「揺籠のうた」などが生まれた。わらべうたを基調にした新しい童謡の創作を志した時期である。
「童謡を毎月作り続けているうちに、だんだん、わらべうたという束縛を離れて、白秋自身の詩心の中から、純粋に独創的なイメージとリズムが生まれてきた。それは最初の時のように幼児を対象とした、童語と童心だけでは表現し切れない。豊かな、広がりのある世界のものである。〜中略〜　軽妙で、絢爛で、しかもしっとりと心に結びつく、日本語の韻文として最高の表現の姿でうたい出している（注1）」といわれる時期には、＜この道はいつかきた道　ああ、そうだよ　あかしやの花が咲いてる＞の「この道」などの作品が生まれた。
　「揺籠のうた」をみてみると、＜歌うよ＞＜揺れるよ＞＜揺するよ＞＜かかるよ＞と言葉の終わりに＜よ＞を付けている。この＜よ＞が付くことによって、語りかけがやさしくなる、印象的である。

子守歌とは子どもを寝かしつけるための歌であるが、古くからの日本の子守歌は、親が子どもに歌ってやるというよりも、"ねんねんころりよ　おころりよ"の「江戸子守唄（日本古謡）」"ねんねこしゃっしゃりませ　寝た子のかわいさ　おきて泣く子の　ねんころろ　面にくさ"の「中国地方の子守唄（中国地方民謡）」、"おどま盆ぎり盆ぎり　盆からさきゃおらんど"の「五木の子守唄（熊本県民謡）」にしても、家が貧しく、「口減らし」のために奉公に出された少女が、奉公先の幼子を背負うなどして面倒を見るときに歌う歌。曲調も暗いのであるが、大正期に作られたこの草川信作曲の「揺籃のうた」は、親が子どもに歌ってやる子守歌である。草川自身も、息子が赤ん坊の時には、東京音楽学校（東京芸術大学）で学んだヴァイオリンで、この歌を夢路に誘うように弾いてやったという。

　この歌は、子どもを抱っこしたり、ゆりかごで揺らしたりしながら歌う、ゆったりとしたテンポの歌で郷愁を感じさせて美しい。この歌は、♪♪♪♪♪♪♪♪♪　＜ねんねこ　ねんねこ　ねんねこよ＞のリズムが特徴的で、一番苦労をしたところだという。このリズムについて、草川は、「子供の頃、灰色の空から雪の舞い降りる様子を炬燵の中からじっと見ていた事や、臼井氷の張った床を打つ、つららの五太鼓を、夢の枕に聞いた事を思い出していた。あのリズムをね。(注2)」という。

　原典の楽譜は＜ P ＞の指示だけである。その他の曲想はのちに加えられたが、余り曲想にこだわらず淡々と歌いたい。全体に、心が優しくなるような美しい言葉がちりばめられており、幼子の肩やお腹をトントンと軽く叩いてあやすような、寝かせ付けるような、赤ちゃんへの優しさを込めて柔らかく歌いたい。特に＜ねんねこ＞が3回繰り返されるところは、歌い手自身の身体が、左右に自然に揺れすような感じで穏やかに。4番の＜黄色い月が＞の所は、＜きーろい　つーきが＞と歌う。1～3番で＜タ-タカタ-タ-＞のリズムで、＜カーナリヤが＞＜びーわのみが＞＜きーねずみが＞と、心地よく言葉を表現したのに、＜きーろい　つきがー＞では、おだやかさが、ここで急にくずれてしまうので注意したい。

　　　　　　　　　　　（注1）北原白秋童謡集　解説ｐ93より引用
　　　　　　　　　　　（注2）池田小百合　童謡の歴史1　P137より引用

「七つの子」

野口雨情作詞　本居長世作曲
ト長調　6音長音階　4分の4拍子
♩= 108　(♩= 104~112)

　野口雨情は、「童謡は、決して子供だましの唄ではない。童謡の中にはほんたうの詩謡としての素質が含まれていると云うことに気がつきました」」と、大正 11 年『金の船』で唱えている。『金の船』は、大正 8 年に創刊された児童雑誌（のちに『金の星』と改名）で、終刊を迎える昭和 4 年まで続く。編集の齊藤佐次郎は、雑誌の最後の通信欄で、「近頃になって、こどもの読物に新運動が起こりました。(中略) 此の尊敬すべき新運動はこどもの読物の詩的、芸術的方面を十分に開拓しました。」と、子どもの詩的、芸術的面を育てなければならないが、教訓面も必要である。子どもにとって大切なのは、上品、快活、ユーモアである。その精神を忘れずにこの雑誌を作っていきたいと願いを書き記した雑誌で、雨情のほどんどの童謡をこの雑誌で発表した。「七つの子」も、この雑誌に発表されたのであるが、この詩の原典は、先に発刊された雨情

個人の月刊民謡集『朝花夜花』の第二号にある＜烏　なぜ啼く　烏は山に　可愛い　七つの　子があれば＞という「山烏」だとされる。この「山がらす」を改作し、二節を加えて『七つの子』という童謡にした。詩中の＜からす　なぜ啼くの＞対して、雨情は「カアカア」ではなく、鳴き声を「可愛い　可愛い」と慈しみをもった表現をした。

　雨情の生まれは茨城県磯原町（現：北茨城市）。囲炉裏や、行燈（あんどん）に火を灯したり、裏山には狐や狸が出るような田舎町で育った。子煩悩で、子どもを連れ、その裏山を散歩したと言われる。孫の不二子は、「私の父、雅夫（雨情の長男）の手を引っ張って、裏山へ登り、その時、群れから離れたカラスを見て、『あの鳴き声は、子どもがかわいいと言っているんだ。』そう言って「雨情さん」は息子を強く抱きしめた。」という。「離れれば離れるほど深まる親子の情。『七つの子』はそれを歌っています。」と、孫娘は語っている。

　『童謡と童心芸術（大正14年）』の中でも、雨情自身が、「静かな夕暮に一羽の烏が啼きながら　山の方へ飛んでいくのを見て少年は友達に、『何故烏はなきながら飛んでゆくのだらう。』と尋ねましたら、『そりゃ君、烏はあの向こふの山に多（たく）さんの子供たちがゐるからだよ、あの啼き声を聞いて見給へ、かはいかはいといってゐるではないか、あの可愛い子供たちは山の巣の中で親がらすのかへりをきっと待ってゐるに違ひないさ』といふ気分をうたったのであります（注1）」と内容説明をしている。

　「歌詞中、七つとあるのは、七歳と限ったことではなく、幼い意味を含ませたのであります。三歳としても、五歳としても、よろしいですが、言葉の音楽から七歳とした方が芸術味を豊かにもたせることが出来るからであります。芸術は数字ではありませんから、七つといえば必ず七歳と思うのは芸術に理解なき考えであります。（注2）」

　「七」という数字。これは、日本では最大の吉とされることもある。七転八起、七夕、七福神、七つ道具、お七夜など、縁起の良い数としてよく使われる。昔は、「七歳までは神のうち」といわれるほど7才までの死亡率が高かったことから、7才未満の子はまだ神に属するものとされ、神がその運命を決めると考えられていた。そこで、それを乗り越え

て無事に生きた子どもの成長を氏神様に見せて感謝する行事として、「七五三」が生まれた。その原型の一つに、「帯解き」という行事があった。子どもが小さいときには、着やすいようにと、紐は直接着物に結びつけてあった。その付けひもを取って初めての帯を締めさせた儀式も7才の時。7才が過ぎればまず安心というよに、特に「七歳」の祝いを重視した。この「七つの子」の「七」にも、そんな思いもあったのかもしれない。

　本居長世作曲であるこの楽譜をみると、5小節目の歌い方が二通りある。「かーわい七つの子」と、「かわいい七つの子」である。以前の教科書には、「かわい」では意味をなさないとの理由から、「かわいい」と歌詞付けされていたようであるが、現在の教科書は「かわい」である。他にも、「日本童謡唱歌全集（2005　kmp）」「日本の童謡200選（日本童謡協会編2005　音楽之友社）」「新・幼児の音楽教育（2015朝日出版社）」等、「かわいい」と付けられた楽譜集も多い。しかし、雨情の詩を見ると、漢字で「可愛七つの子」であるし、9,10小節、及び、13,14小節に節付けられた所も「可愛　可愛と烏は啼くの」とあるので、現教科書の歌詞付け「かわい」と歌うのが正しい。CD『日本歌曲全集②（ビクター）』、『すくすくのびのびこどものうた1（コロンビア）』『由紀さおり　あの時この歌（東芝EMI）』等では、「かわい」と歌われているが、『島田祐子　こころの歌第1集』は「かわいい」と歌っている。

　歌は、愛情を持って歌いたいが、ゆったりとしたテンポであるので、ブレスの取り方に注意がいる。歌い始めは2小節毎のブレスで良いが、1小節でブレスを入れて、「からーす」「なぜなくの」と優しく問いかけるように歌っても良い。9小節目からのブレスは、2小節毎に均等にする、｜かわいーかーわいと｜、｜からすはなくのー｜の方法と、｜かわいー｜、｜かーわいとからすはなくのー｜の分け方がある。後者の方がフレーズはののびのびとして、言葉が美しく流れる。特に、9小節目からの「可愛い」は、慈しみの優しい心で歌いたい。

　　　　　　　　（注1）『童謡の散歩道』P19-20 より引用
　　　　　　　　（注2）『童謡と唱歌　歌唱の歴史2』p118 より引用

「シャボン玉」　野口雨情作詞　中山晋平作曲
変ホ長調（注1）ヨナ抜き長音階　4分の2拍子
愉快に ♩＝72　（♩＝72~80）

シャボン玉　とんだ
　　屋根までとんだ
屋根までとんで
　　こわれて消えた

シャボン玉　きえた
　　飛ばずに消えた
うまれてすぐに
　　こわれて消えた

風、風、吹くな
　　シャボン玉　とばそ

　こどもの遊びの＜シャボン玉＞。大正の頃は、今のようにシャボン液はなく、自分で石鹸を溶いて作った。液が薄いとスローで吹いても玉にならず、濃いと大きな玉にはなるが直ぐに溶けてしまったようである。
　ところで、この歌詞の＜シャボン玉消えた　飛ばずに消えた＞と、野口雨情の愛児が亡くなったこととを結びつけた逸話があるが、不確かである。雨情は、明治40(1908)年に妻ひろ、長男雅夫を連れて北海道へ渡り、記者として小樽の新聞社に石川啄木らと務めたが1ヶ月で退社。翌年まで小樽にいたが、その間に長女みどりが誕生する。しかし、わずか8日間で亡くなった。このことが、「愛児に対する追慕の気持ちをこめ、この詞を書いた」と、仏教界の児童教育関係者の間で言われてきた（注2）。また、大正9年に、自作童謡の普及のための旅行先四国徳島で、2歳の女児が疫痢になって急死したことを知り、その"飛ばずに消えた　生まれてすぐに　こわれて消えた"の歌詞に思いを託したともいわれる。
　しかし、四女恒子の生誕は大正10(1921)年、亡くなったのが大正13(1924)年で、「シャボン玉」の詩が発表された大正11(1922)年には、

恒子は存命してしていたので、我が子の死を歌ったのではないと言える。
　ところが、昭和 52（1979）年 NHK 朝の連続ドラマ「いちばん星」の中で、雨情役がこの話を紹介する場面があり、多くの人の関心をひくところとなり、子どもの死と「しゃぼん玉」とが結びついたのである。しかし、それは放送用に脚色されたのであろう。雨情自身はそのことを書き残してはいないし、雨情研究の一人者といわれる息子存彌氏も、「雨情にはそのような事実はありません。詩人としての独自性は詩表現に詩的な性格を持ち込まないところもあったといえます。当然、わが子を歌うというようなことはほとんどまったくありませんでした。この作品で歌われているのも、路傍や庭先でどこでも見かけるような子供なのです。（中略）そのような子供を取り上げ、深い詩情の世界に浮かび上がらせ、確固とした普遍性をもった存在にまで高めているところに、詩人の感受性の鋭さをみるべきであるように思われます(注3)」と語っている。

　中山晋平は、長野県に生まれる。旧家の出であるが、父親の死により母親一人に育てられた。東京音楽学校本科ピアノ科卒業後、小学校音楽専科教員を務める傍ら作曲を始める。沢山の童謡を作り大衆音楽の普及に大きな足跡を残したのであるが、日本民謡の特徴を生かした「新民謡」と呼ばれる大衆歌謡の作品も多い。童謡も民謡を生かしており、ヨナ抜き音階が多い。この「シャボン玉」も、新潟佐渡の民謡『両津甚句』の曲調が取り入れられている。音源を聞いてみると、三味線が奏する前奏の後半部分の＜ターカタタ｜タタタン＞が、「シャボン玉」（楽譜 1）の 3 段目の＜風　風　吹くな（ドードドド｜ドラソ）＞の旋律と酷似している。全体に伴奏が付いているのに、この部分だけは伴奏の音がない。これに対し、池田小百合は、『童謡と唱歌　歌唱の歴史 1』の中で、「歌う人にテンポや表情などの表現を任せてある」から無伴奏にしたというが、『両津甚句』の三味線の響きが晋平の耳に残り、西洋的ハーモニーを付けない方が、この部分にはふさわしいと感じたからではなかろうか。
　原詩は「しゃぼん玉」、中山晋平が作曲したときに「シャボン玉」とカタカナ表記に変えたのであるが、原曲は、変ホ長調。教科書に採用するときには、この曲の出だしが、＜変ロ（楽譜 2）＞で、旋律の最高音は＜ 2 点変ホ（楽譜 1）＞。出だしの高さは良いが、最高音は子どもが

歌うには高すぎて歌いづらいということから、移調してニ長調またはハ長調にして載せた。しかし、ハ長調の場合、最高音は歌いやすくなるものの、大切な出だしの音が低すぎるということで、昭和42年の『新訂標準音楽2 教師用指導書（教育出版）』では、出だしの「シャボン玉」の音の＜ソ-ド゛ド゛ド-レ-＞を、リズムも変えて、（楽譜3）のように＜ド゛-ド゛ド゛-レ-（注4）＞と変えた。しかし、それに対して晋平は、「メロディーが平板になって、風に吹かれてふわふわ飛ぶシャボン玉の躍動感が失われてしまっているから、元に戻してほしい」と文部省に抗議したようである。

（楽譜1）

（楽譜2）　　　　　　　　　　　　　　　　　（楽譜3）

　歌うときは、詩について様々な逸話あるが、そのことはさておき、子どもが無邪気にシャボン玉で遊ぶ様子を描いているのであるから、歌い出しから、明るい気持ちでリズミカルに歌いたい。太陽の陽を受けて輝き、柔らかな風に乗って飛ぶシャボン玉の様子を思い浮かべて。「かぜかぜ 吹くな」の最高音の所はたっぷりと歌いたいが、シャボン玉がはじけてしまわないように優しく。身体からは余分な力を抜いて、左右に体が揺れるような軽やかさで、力まずに歌いたい。

　　　　（注1）「日本童謡唱歌大系」はニ長調である
　　　　（注2）『日本の愛唱歌　長田暁二　ヤマハミュージックメディア 2006』P111
　　　　（注3）『童謡大学 童謡へのお誘い　横山太郎　自由現代社　2001』P4
　　　　（注4）安田すすむ編の全音楽譜出版『童謡のすべて全523曲』も同様

「どこかで春が」 百田宗治作詞　草川信作曲
　　　　変イ長調　6音長音階　4分の4拍子(部分4分の2拍子)
　　　　少し速く生き生きと ♩= 108　（♩= 100~108）

どこかで「春」が
生まれてる
どこかで水が
流れ出す

どこかで雲雀(ひばり)が
鳴いている
どこかで芽の出る
音がする

山の三月
東風(こち)吹いて
どこかで「春」が
生まれてる

　作詞の百田宗治は、大阪生まれの民衆詩派の詩人であり、児童文学者である。少年詩や、童話も書き、生活綴方の雑誌を発刊・主宰したり、児童生活詩を提唱して全国の教師たちと協力し、子どもらが書く詩の指導や、その運動の発展に力を尽くした。

　歌詞の5行目に、＜東風＞とあるのは、＜こち＞と読む。東風とは春の季語で、春から夏にかけて、東からやわらかく吹く春を告げる風のこと。この風が吹くと寒さがゆるむという。風格ある言葉であるが、子どもたちには、分かりづらいことと、旋律に乗せたとき、＜こーちー＞と歌い、言葉の意味が余計にわかりづらくなることから、教科書では、＜東風＞の歌詞を、＜そよかぜ＞と代えた。この歌は、日本の言葉のリズム「七・五調」と考えられる。1節目は、＜どこかで・はるが・うまれてる＞、＜どこかで・みずが・ながれだす＞の「4＋3・5」の言葉のリ

ズムである。2節目だけ、＜どこかで・ひばりが・ないている＞、＜どこかで・めのでる・おとがする＞と、「4＋4・5」であるが、旋律が付くことで整う。3節目＜山の三月＞も「3＋4・5」である。

　歌うときは、タイトルの如く、どこかで春の気配がする。水の流れや、ヒバリの鳴く声、草木はちいさな芽を出し始め、吹く風から、すっかり春とはいえないが、暖かい季節が来るのを感じる。春を待つ喜びをほのぼのとした気持ち歌いたい。この歌は、先に触れた「4＋3・5」のリズムを感じ取るため、最初に音読をしてから歌うと言葉のまとまりが掴みやすい。しかし、「どこかで・春が」と大げさに分けずに、「どこかで春が」となめらかに。口先を少し尖らせて、"o＝お"の口形を作り、そこへ息を送るように"do＝ど"と歌い始めるとやわらかい声が出る。そして、音については、低めの音で始まるので、力まず軽く優しく歌うと良い。続く「生まれてる」は歌いやすい音域でもあるし、なめらかにのびのびと。5～8小節も同様。ここまでは、単純素朴な旋律が繰り返されるが、＜山の三月　東風ふいて＞で変化がみられ、音も高くなる。曲の山である。先の気持ちをもち、たっぷりと声を出したい。ローマ字で書くと「ya-ma-no-san-ga-tu」。母音の"a＝ア"が多い、喉の奥を大きく広げ、口の形を縦に開けて歌うとのびやかにたっぷりと歌える。結びの4フレーズ目は、出だしと同じように落ち着いてなめらかに。

「嬉しい雛まつり」サトウハチロー作詞　河村光陽作曲
　　　　　　　　　　ハ短調　6音短音階　4分の2拍子
　　　　　　　　　　典雅にあまりおそくなく　♩＝69　（♩＝80~88）

1　燈火(あかり)を點(つ)けましょ　ぼんぼりに　　2　お内裏(だいり)様と　お雛様
　　お花を上げましょ　桃の花　　　　　　　　　　二人ならんで　すまし顔
　　五人囃子の　笛　太鼓　　　　　　　　　　　　お嫁にいらした　姉さまに
　　今日は楽しい　雛祭り　　　　　　　　　　　　よく似た官女(かんじょ)の　白い顔

3　金の屏風に　映る灯を
　　かすかにゆする　春の風
　　すこし白酒(しろざけ)　召されたか
　　赤いお顔の　右大臣

4　着物を着かえて　帯しめて
　　今日は私も　晴姿(はれすがた)
　　春の弥生の　このよき日
　　何より嬉しい　雛祭り

　「ひな祭り」の起源は中国までさかのぼるとされているが、日本では平安時代中期頃とされ、貴族の間では陰陽師をよんでお祓いをし、紙を人の形に切ったものを川に流して無病息災を祈ったとされる。今日に至る長い歴史の中で、祭りは一様でなく姿を変えてきているが、今のようにおひなさまを飾り、女の赤ちゃん誕生をお祝いする初節句の風習が生まれたのは江戸中期頃。庶民の間では、田植えが始まる3月に、農家の人が仕事に使う道具や自らの身体を洗い清め、けがれをひなの人形に移し、身代わり人形として川に流したともされる。子どもたちが元気に育つことを願って、ひな人形を流しびなとして川に流す行事は今も伝わっている。女の子だけでなく男の子も参加していた。ひな人形のひな壇の飾り方は、一般的には、左にお内裏様、右におひな様であるが、古典や京都では逆で、左におひな様、右にお内裏様を飾る。

作詞のハチローは、7歳の時から、音楽家志望で声楽もピアノも本格的に習っていた4歳年上の姉喜美に、「明日からおやつをあげないわよ。」と言われ、コマ回しや石蹴りの方が面白いのに、学校から帰るや、毎日必ず30分位ピアノを弾かされた。しかし、その姉は、のちに病気になり、転地療養したが胸の患いは良くならず、嫁ぎ先も決まっていたのにお嫁に行けずに18歳で亡くなった。それを機にハチローはピアノを止めた。しかし、その姉のお陰で楽譜も読めたし、詩的なものの見方などの面で、姉はハチローに影響を与えたとされる。この歌の3番に、その色白の姉が詠われている。そして、この詩が作られた、昭和10（1935）年。ハチローは、昭和9（1934）年に、最初の妻とは事情があり離婚。子どもを引き取ったのだが、実母と離れて暮らす三人の我が子、長女6年生、次女4年生と長男を不憫に思い、喜ばせてやろうと、豪華なひな祭りの人形のセットを買って、子ども部屋いっぱいに飾ってやった。子どもらは嬉しくて嬉しくて、1日中おひなさまのそばで過ごしたとされる。この出来事が詩の作成に直接関わったか否かは記録が定かではないが。

　気になるのは、歌詞の3番に、＜すこし白酒めされたか　赤いお顔の右大臣＞とあるが、実際は、色白の若いのが「右大臣」で、＜赤いお顔＞は、白ひげの「左大臣」の方である。ハチロー自身も詩を発表した後に気づいたようである。

　作曲の河村光陽は、この詩にラシドレミファ、短音階の第7音＜ソ＞を抜いた6音で日本旋律的なを旋律を付けた。前奏（楽譜1）の＜タターン（ｳ）｜タン＞や、伴奏（楽譜2のア）の＜タタ（ｳﾝ）｜タタ（ｳﾝ）｜タタ（ｳ）タ｜タン（ｳﾝ）＞は、鼓を思わせるようなリズム。各フレーズの終わりに出てくる16分音符（楽譜2のイ）、（楽譜3）の旋律とリズムは、箏や三味線を連想させる。　歌うときには、その伴奏のリズムを感じながら、ひな祭りを祝う嬉しい気持ちと、祝ってくれる人たちへの感謝の気持ちも添えて、明るき、優しく歌いたい。なお、原典のテンポ設定＜♩＝69＞では遅すぎて歌いづらい。

（楽譜1）

「たなばたさま」 権藤はなよ作詞　林柳波補作　下總皖一作曲
ト長調　ヨナ抜き長音階
4分の2拍子　♩= 126（♩= 104~112）

1　ささの葉　さらさら
　　のきばに　ゆれる
　　お星さま　きらきら
　　きん　ぎん　砂子

2　五しきの　たんざく
　　わたしが　かいた
　　お星さま　きらきら
　　空から　　見てる

　この「たなばたさま」や、「お正月」「うれしいひなまつり」は、日本の暮らしや遊びから生まれた歌である。当時の国民学校（昭和16＝1941

年に設けられ、初等教育と前期中等教育を行っていた学校）の音楽教科書、2年『うたのほん』に載った。歌詞は、教科書に採用する前に、編集委員会からの意向で、権藤はなよの詩に、＜海は広いな大きいな＞の「うみ」で知られる、委員の林柳波が手直しをした。童謡研究家の小松原優氏は、＜きらきら お星さま＞を、＜お星さま きらきら＞に直したと、柳波から聞いたという。作曲の下総も編集委員であった。権藤は、小学校の教鞭をとりながら、野口雨情を師とし、童話や童謡を書いていた。

　この「たなばたさま」の歌について、日本の児童文化評論家の渋谷清視（きよみ）は、『童謡さんぽ道（上）』の中で、「戦時中に小学生だったものにとっては七夕がくるたびに思い出され、心がはずむ、なつかしいメロディ」。行事については、「日がのぼらぬうちにと、この日は早く起きて、大きなサトイモの葉っぱのうえの玉つゆを集めておいて、洗いきよめた硯（すずり）で墨をすり、ささ竹につるす色紙の短冊に、きょうだいで思い思いのことを書いた。その日は朝から忙しかったし、日中が楽しかった」と語るように、当時から子どもにとっては、行事も歌も共に親しまれていたことがわかるのである。

　「たなばた」については、漢字では、「七夕」と、「棚機」。「棚機」は、機を織る女、棚機津女（たなばたつめ）のこと。たなばたつめの＜つ＞は、＜の＞のこと。機屋にこもり、乙女が神様のために着物を織って棚にそなえ、村の災いを除いたり、秋の豊作を祈ったりするみそぎ行事の話。それと、牽牛（けんぎゅう）、彦星ともいわれるが、織り姫と仲が良く、織り姫は機織りを止め、牽牛は牛の世話をさぼる。これを見た天の神が二人を隔て、天の川で年に一度だけしか会えなくしたという中国の伝説とが合わさって、七夕祭りが生まれた。やがては、棚機をまつる行事を7月7日の夜に行われるようになり、「七夕」という字をあて、七夕まつり、星まつりといわれることになる。

　歌うときは、旋律は、主に4分音符と8分音符で出来ており、1音符に一音ずつ、＜さ・さ・の・は・さ・ら・さ・ら・の・き・ば・に・ゆ・れ・る＞と歌詞が付けられているが、2小節の区切りで、＜ささのは

＞＜さらさら＞と一単語のまとまりがある。4小節で2単語＜ささの葉さらさら＞。これが1フレーズのまとまり。全体に4フレーズである。言葉のまとまりを丁寧にしながら、美しく旋律にのせて、流れるように歌いたい。歌い出しの＜さ＝ Sa ＞の摩擦音をはっきと発音し、次第に上行する旋律は、落ち着いて穏やかに歌い、しっかりとブレスをとって、2フレーズ目の高音＜のきばに＞を鼻腔に共鳴させた厚い声で歌う。山になる続いての3フレーズ＜お星さま きらきら＞は、星のキラキラを表現するように、美しく輝くように、たっぷりとした声で歌いたい。次に続く下行する旋律＜きんぎん砂子＞は、音を包み込むように、優しく穏やかに歌い終わりたい。

　尚、歌詞の＜五色＞とは、青、赤、黄、白、黒の5つの色のことであるが、ここでは、色々の種類や形の短冊を意味している。＜砂子＞とは、色紙やふすまに使う金箔の粉のことで、沢山の星がキラキラする空の様子を＜砂子＞と表している。

「みかんの花咲く丘」　加藤省吾作詞　海沼　実作曲

変ロ長調　8分の6拍子　軽快に
♩＝76　（♩.＝56~60）

1　みかんの花が　咲いている
　　思い出の道　丘の道
　　はるかに見える　青い海
　　お船がとおく　霞（かす）んでる

2　黒い煙を　はきながら
　　お船はどこへ　行くのでしょう
　　波に揺られて　島のかげ
　　汽笛がぽうと　鳴りました

3　何時（いつか）か来た丘　母さんと
　　一緒に眺めた　あの島よ
　　今日もひとりで　見ていると
　　やさしい母さん　思われる

　『みかんの花咲く丘　わが人生』の「みかんの花咲く丘を作詞した日」の中で、静岡生まれの加藤省吾自身が語る。「記事のインタビュー取材で川田正子（少女歌手）を訪ねた時、海野実から呼び止められ、『すぐに一つ詩がほしい、今日はこれから伊豆の伊東に行って、明日の晩NHKから放送をする。丁度千葉の方からお赤飯を戴いているから、ごちそうしますからすぐに上にあがって』と、二階の海野先生の部屋に案内されてしまった。それにつられたわけでもないが、現在と違って、戦争に負けて、喰べるものも、着る物もない時代のことだから、お赤飯といったら、めったにありつけない。『海を因(よ)んだ歌の歌詞がなくて困っている。』『では、ホームソングなどとは違った、明るい感じの歌謡曲調の童謡のような感じの詩ではどうでしょう。』主題は＜みかん＞。なにしろ喰うことに事欠く時代の事だから、＜みかん＞もまた貴重品の一つで庶民の口にはなかなか入らない。しかし、＜みかん＞を題材にすると、先輩のハチロー先生の真似をしたと言われても困るので、＜みかんの花＞にしようと主題も決まり、『一度放送するだけだから』と聞き、海沼先生の注文の言葉をそのまま情景描写したので、すらすらっといとも簡単に2番までが出来上がった。『折角だから』といわれ、3番を加えた。作品が出来上がると、それを推考する暇もなく、先生は、書きっぱなしの原稿をカバンに入れ、そくさくと飛び出し、予定の汽車出発の1時間半の間に検閲（注）のOKを取り、伊東行きの直通電車に乗り込んだ。」と。

海沼自身から聞いた話として、「伊東へ着く前に作曲を完成せねばならないのに気に入ったメロディーが浮かばない。もう、国府津かとつぶやいたとき、ふと音楽学校時代にヴァイオリンでよく弾いていたオペラの曲を思い出して、口ずさんでいるうちに、8分の6拍子の前奏が浮かんできた。そのあとは、前奏の流れにそって、自然にわき上がってきた。伊東に着いた時には完全に出来上がった。旅館に着いたが、宿にはピアノもなく時間もなく、やむを得ず口写しで、小学生だった歌手の正子に教え込んだ。そして、翌日夜の番組で新曲として初めて歌われた。」と。

　この1946（昭和21）年、NHKスタジオと静岡伊東市立国民学校を結ぶ、当時では画期的な二元放送の特別番組『空の劇場』で放送された「みかんの花咲く丘」は、省吾の言葉を借りれば、「荒廃した世相の中で、敗戦の苦しみの中から、如何にして立ち上がろうかと、あくせくして飛び廻っている人々、海外からは、出征していた兵隊達がどんどん引き揚げて来ている時代、軍歌調の歌の時代」、この8分の6拍子の歌は、ほのぼのとして、あたたかく、新鮮なものであった。

　この歌、当時は余り長いタイトルは駄目だということで、「みかん咲く丘」であった。しかし、語呂が悪いということで、のちに「みかんの花咲く丘」にした。海沼は、62歳で亡くなるまでに2,300曲を作曲した。

　8分の6拍子、オペラ『椿姫』の「乾杯の歌」に似た曲、＜タータタータ＞と、同じリズムを繰り返すこの歌は、拍子リズムに乗って流れるように歌いたい。歌っていると、汽車や気船に揺られているような感じもする。3フレーズ後半から4フレーズ目が曲の山。3フレーズの出だし2小節の音は低いので力強く歌わず、鼻腔の共鳴をもって軽く歌い始め、そのあとクレッシェンド。山をたっぷりと終わりまで音痩せずに歌いたい。出だしの＜みかん＞の＜ん＞は、口をつむってしまわずに、舌の先を上の歯裏にそっと当てて発音すると良く響く。2番の＜行く＞は、＜ゆく＞ではなくて、海沼と省吾とで、「いく」と発音して歌うように決めたそうである。楽譜の1，3段目はブレスがないが、2小節毎にとっても良い。2段目のブレスが取りづらいので、ほんのわずかのテンポのゆるめがほしい。そして、テンポ設定は、♩＝76（♪＝152）である。教科書のテンポは、♩.＝60（♪＝180）であるが、やや速すぎないか。

（注）当時は、音楽放送であっても、歌詞を伴うものは、CIE 米民間情報局ラジオ課とCCD 米民間の検閲を受けなければ放送出来なかった。

「みどりのそよ風」

清水かつら作詞　草川信作曲
変イ長調　4分の4拍子
Moderato quasi alegretto 軽く
（♩＝116~126）

1　みどりのそよ風　いい日だね
　　ちょうちょもひらひら　まめの花
　　なないろばたけに　妹の
　　つまみ菜摘む手が　かわいいな

2　みどりのそよ風　いい日だね
　　ぶらんこゆりましょ　歌いましょ
　　巣箱の丸窓　ねんねどり
　　ときどきおつむが　のぞいてる

3　みどりのそよ風　いい日だね
　　ボールがぽんぽん　ストライク
　　打たせりゃ二塁の　すべり込み
　　セーフだおでこの　汗をふく

4　みどりのそよ風　いい日だね
　　小川のふなつり　うきが浮く
　　静かなさざなみ　はね上げて
　　きらきら金ぶな　嬉しいな

5　みどりのそよ風　いい日だね
　　遊びに行こうよ　丘越えて
　　あの子のおうちの　花畑
　　もうじき苺も　摘めるとさ

　清水かつらは、若くして壮絶な苦難を乗り越え、53歳で亡くなった。かつらは東京深川生まれ、母は、武家の伝統を守り厳しく育てたが、一方では、幼いかつらに、童話やおとぎばなしを読んでくれたり、子守り歌を歌ってくれたりした。しかし、母はかつらの弟が病気で苦しんでいるのに気づかず亡くしてしまった。そのことで心神喪失、治療が必要となり、かつら4歳の時に母は離縁された。孤独な少年時代、会えない母への気持ちが、後の童謡作詞の上で大きく影響した。小学校の6年生からは、第二の母と、父に育てられ本郷元町に移り住む。かつらが24歳の頃には、6人の弟が誕生しており、かつらは兄というよりは父親代わりの生活をしていた。25歳の時には父が亡くなり、家族を支える責任がのし掛かってきた。次いで、関東大震災に見舞われて家は全焼。母の実家のある新倉村（注1）へ避難したが、4歳の弟を亡くした。かつらは、「どうにでもしろと天に向かって怒鳴りたい（注2①）」気持ちであったという。大正15（1925）年には、一家と共に白子村（注1）へ移転。ここは、自然豊かで池や土橋があり、築山のある大きな家で、かつらが大変気に入った家で、やっと安堵の日々を迎えた。しかし、この年、童謡詩人会に入会し、童謡の作詞を始め、機関誌の編集にも携わり始めたことで、東京での暮らしが多くなった。のちには、地元の白子小学校での詩の指導にもあたったが、「すなおにまわりのものを見つめて、そのま

まうつしとると詩になるのです。」「子供の純真な素直な心を、そのままの姿で伸ばしたい（注2②）」が信条で、小さな子どもたちのために丁寧な指導、児童の詩を批判するのではなく、児童の個性を伸ばすよう良い所を見つけて励ます指導であったという。また、かつらは、苦難続きの生活ぶりであったにも関わらず、荒れることもなく、「常に背広をきちんと着ておられ、温顔は一度会えば忘れられないような暖かさを感じ、児童に対するやさしさを、そばにいる私達にも感じさせる、何とも言われぬやさしさは忘れることができません（注2③）」と言われる、暖かな人間味溢れる人であった。

　かつらの童謡観は、「童謡は、童心童語の歌謡である。童心は、天真思無垢、珠のような、生まれながらの、まことの心である。心のふるさとの青空である。童心を忘れるものは不幸である。」「童心の抑揚と童語の諧律のよき調和によって、はじめてよき童謡は生れる。」「童謡も詩である。しかも、大人にもよき詩でなければならぬ。（注2④）」であった。昭和26（1951）年に脳溢血で亡くなり、音楽葬であった。

　この歌詞は、NHKの委嘱による作品で、戦後の荒れた時代に、明るい光りをともそうとしたかつらの心情が伺える作品。かつら自身にも辛い日々があったことなぞ微塵も思わせない、色鮮やかで、明るく、のどかで、爽やかな春の光景、第二の母の実家であった白子川、白子川とは、東京と埼玉を流れる川であるが、その河岸辺りの田園風景を詠った歌である。みどり、そよ風、蝶々、青い空や白い雲が見える、ぶらんこ、ボール、ふなつり、子どもの元気が見える。花ばたけ、苺、鮮やかな色彩が見える。子どもたちだけでなく、大人の心にもすがすがしさが広がる作品である。明るい春を八五調の定型詩で詠った、かつらの晩年の作品である。歌詞の3番をみると、他とは異質である。これは、かつら自身も野球好きであったが、良きパートナーであった作曲の草川信が、小学校の頃から、野球好きで、チームのキャプテンとしてチームを引っ張っていくほどであったことから、草川を喜ばせるために挿入したといわれる。

　作曲の草川信は長野県の出身。詩の内容が、草川の故郷の風景に合っており、少年時代に遊んだ裾花川（すそばなかわ）を思い出しながら作曲したといわれる。

先の、3番の歌詞も気に入っていた。作曲依頼を受けた草川は、終戦を迎えても、出征したまま帰らない長男の安否を案ずるかつら自身を立ち直らせるためにも、『赤い鳥』とは違った明るい前向きなイメージにしたかった。草川は、ラジオから流れるジャズに感動し、軽やかなヨーロッパ風のリズムを描き、曲想を練った。数小節のメロディ二通りを家族に歌って聞かせ、「どっちがいいと思う」と、意見を求めたという。完成した作品は、明るくてリズミカルな希望あふれる歌になった。翌年には、ラジオ「日本のメロディー」で発表、ビクターでレコード化された。しかし、草川は、この作曲に専念していた頃、胸を患っていて、結局、この発表を待たずに亡くなり、彼の遺作品となってしまった。
　この作品タイトルは、当初「いい日だね」であったが、発表のときに、「みどりのそよ風」と変えられた。

　原典の楽譜には、歌い始めから、ディミヌエンドとｍｐが記されているが、ここは、＜みどりの＞をのびのびと歌い、＜そよかぜ＞の、＜そ・よ＞を優しく歌う。そして、＜かぜ＞の＜ka＞の＜a＞の母音をたっぷりと歌えばその表現が出来る。次に、旋律の歌い出しの1、2フレーズに、8分休符がある。＜そよかぜ＞の＜そ・よ・＞とか、＜いいひだね＞の＜ひ・だ・＞、＜まめのはな＞の＜の・は＞の所。軽快な明るい表現をするときに重要な休符であるから、＜そーよーかーぜ＞となめらかに歌ってしまわずに、言葉のまとまりを意識しながらも、休符を入れて、弾むように歌いたい。3、4フレーズからは8分休符がなくなった分、余計になめらかに感じて歌うと良い。ここで気を付けたいのは、3フレーズ＜なないろばたけに＞である。「ｆ」とあり、元気よく明るくは歌いたいが、旋律音は低めなので、決して力まずに歌いたい。そこの所、教科書では、ｍｐでクレッシェンドさせているが、この方が歌いやすい。また、歌のテンポはわりと遅めの設定であるが、♩＝138位で、やや速めに歌うと、明るく、生き生きとした表現の歌となる。

　（注1）昭和18年、新倉村と白子村は合併により大和町。現在の埼玉県和光市
　（注2）『あした　童謡詩人清水かつら』より　　①p88　②p172　③p140　④p65引用

「とんぼのめがね」

額賀誠志(ぬかが)作詞　平井康三郎作曲
ハ長調　ヨナ抜き長音階　4分の2拍子
軽快に楽しく ♩= 112　（♩= 112~120）

1　とんぼの　めがねは
　　水いろ　めがね
　　青い　おそらを
　　とんだから　とんだから

2　とんぼの　めがねは
　　ぴかぴか　めがね
　　おてんとさまを
　　みてたから　みてたから

3　とんぼの　めがねは
　　赤いろ　めがね
　　夕焼け雲を
　　とんだから　とんだから

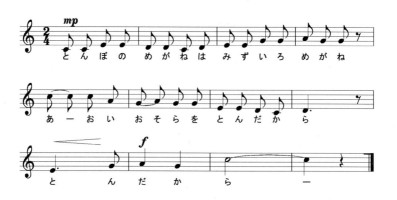

　詩の額賀誠志は、福島県広野町、7割が山林であるこの地で、住民からは厚い信頼を集め、貧しい人には「診察料はいらない」と声をかけた開業医であった。本業の傍ら、鈴木三重吉の『赤い鳥』同人としても活躍していた。この詩は、医院から10キロほど離れた山あいの集落に往診したとき、子どもがトンボとたわむれる姿をみて着想を得て、トンボの目をメガネと表現した。出来上がった詩は、NHKのラジオ番組「幼児の時間」で全国放送され、愛唱されるようになった。

額賀は「戦後子どもたちは、楽しい夢を乗せた歌が歌えなくなった。子どもが卑俗な流行歌を歌うのは、あたかも、子どもが煙草の吸い殻を拾ってのむのと同じような悲惨さを感じさせる。」という。大学卒業から亡くなるまで医師を務め、午前は診察、午後は往診を、詩の創作においては、病弱であったため、一時創作活動を休んではいたが、戦争によってすさんだ子どもの心を励まそうと、医者としての仕事が終わった夜の時間に童謡を作ったのである。詩に対しては、「子どもの歌なら、誰もが理解できなくてはいけない。」との思いをもち、『とんぼのめがね』をみても、自然の中の姿を素直にとらえてあり、難しい言い回しはないのである。北原白秋の＜赤い鳥、小鳥、／なぜなぜ赤い／赤い実をたべた。＞の「赤い鳥小鳥」をヒントにしたらしい。新鮮な詩情をいつまでたっても失わない白秋の作品を目標として、子どものための歌を作っていこうとする思いがある。

　作曲の平井康三郎は、初めてこの詩を見たとき、＜水色＞＜ぴかぴか＞といった言葉遣いの巧みさに気付いた。「戦前の童謡は、悲しげで重々しい旋律が多かったから、童心の中から生まれたようなメロディを作りたい。」と念じた。生涯をかけて追求したテーマは、「西洋的音階を日本語の美しさとどうなじませるか」「最も日本らしい日本」であった。

　歌うときは、8分音符一つずつに一音が付いているが、言葉のまとまりをもってなめらかに歌う。テンポは早めである。＜とんぼの｜めがねは｜みずいろ｜めがね・｜＞と、2分の2拍子のように、1小節を一つに感じて歌うと、テンポ早くても緩やかに感じられる。5小節からの、＜あおいおそらを＞＜おてんとさまを＞＜ゆうやけぐもを＞は、曲の山、高音であり、たっぷりと伸びやかに強めに歌いたいので、直前の休符でしっかりとブレスをとり、＜あーーおい＞＜おてぇーんと＞＜ゆうーやけ＞を十分伸ばすとなめらかさが増す。次のフレーズ9小節からも同じように＜とーんだ＞＜みーてた＞も、十分母音を伸ばす。最後の＜から＞の＜ら＝ ra ＞も同様に、更に広がりをもって。例えば、胸前で両指を合わせ、指を次第に離しながら大きな丸を作るイメージで、脇や、胸を広げるように歌うなどして、音の広がりを感じたい。

「ちいさい秋みつけた」 サトウハチロー作詞　中田喜直作曲
ホ短調　4分の4拍子　♩=80ca.　(♩=76~84)

1　だれかさんが　だれかさんが
　　だれかさんが　みつけた
　　ちいさい秋　ちいさい秋
　　ちいさい秋　みつけた
　　めかくし鬼さん　手のなる方へ
　　すましたお耳に　かすかにしみた
　　よんでる口ぶえ　もずの声
　　ちいさい秋　ちいさい秋
　　ちいさい秋　みつけた

2　だれかさんが　だれかさんが
　　だれかさんが　みつけた
　　ちいさい秋　ちいさい秋
　　ちいさい秋　みつけた
　　おへやは北向き　くもりのガラス
　　うつろな目の色　とかしたミルク
　　わずかなすきから　秋の風
　　ちいさい秋　ちいさい秋
　　ちいさい秋　みつけた

3　だれかさんが　だれかさんが
　　だれかさんが　みつけた
　　ちいさい秋　ちいさい秋
　　ちいさい秋　みつけた
　　むかしの　むかしの　風見の鳥の
　　ぼやけたとさかに　はぜの葉ひとつ
　　はぜの葉赤くて　入日色
　　　　　　　　　（いり ひ いろ）
　　ちいさい秋　ちいさい秋
　　ちいさい秋　みつけた

　サトウハチローは、作家の佐藤紅緑を父にもち、本名は佐藤八郎。群馬県在住で同姓同名の人がいたのでペンネームをカタカナにしたという。また、複数の会社に所属をしていて、小説や流行歌、映画主題歌など作品のジャンルによって、陸奥速男、山野三郎、玉川映二、星野貞志、清水操六、並木せんざなど、複数のペンネームを使い分けていた。先の「うれしいひな祭り」も発表当時は、山野三郎とある。

　この「ちいさい秋みつけた」の詩にある、＜むかしの　むかしの　風見の鳥＞は、4歳の時、鍋の熱湯を浴びて体半分に大やけどをし、学校に行くようになっても、人(注1)に負ぶさってしか通学が出来ず、遊びにも行けない。そんなハチローを可哀想に思った母が、連れて行ってくれた賛美歌が流れる教会、その母と一緒に見た風見鶏がモデルであろう。

　母は、やけどの治ったハチローに、丈夫になるようにと野球を進めた。しかし、スポーツをするようになったハチローは悪童であった。母の願いから外れ、近所で子どもが泣いていると、母は"またうちのハチロー""近所で一番悪いのはハチロー"と母を困らせていたようである。

そのことを、ハチローは大人になってもよく覚えていて、「かあさんは厳格でした。11人の子どもを産んで、10人は病気や戦争で亡くなり、たった一人残った息子であっても、ひどいやけどをしてもかあさんは厳格でした。決められた時間までに帰ってこないと夕食をくれません。好きな野球の真最中でも夕食を食べに飛んで帰りました。友達についても、両親に紹介できないような友達は連れてくるなと。お陰で私はよい友だちに恵まれました。」と語っている。実録『ぼくは浅草の不良少年』の中でも自身を、「落第三回。転校八回。勘当十七回で新記録を誇る。」自伝の『落第坊主』の中では「小学校では秀才（でもないかな）、1年から卒業まで優等で通した。ウソだと思う方には、いつでも通信簿と、三、四枚の副級長の免状をお目にかける。どうして一枚上の級長になれなかったかというと、操業にいささか難点があったからだ（さもありなんという顔をしてくれたもうな）。」と、こどもの頃の悪童ぶりを語るように、手に負えない子であったようだ。
　しかし、ハチローは母ハルが大好きで、ハチローが22歳のときに母は亡くなった。身持ちが悪かった父とは既に離婚、ハチローは、最後までまともに母と再会出来ないままであった。ハチローは、すぐに母の詩を12ほど作った。「ちいさい　ちいさい人でした　ほんとに　ちいさい母でした」「この世の中で　唯ひとつのもの　そは母の子守歌」「母ありて　われあり　悲しくもなつかし」と。のちに、TBSTVの依頼で『お母さん』の番組に、毎週1つずつの詩を寄せたが、「いろいろなおふくろさんをボクの胸で組み立てているのだ。いくら詩になりやすいおふくろだって、自分のおふくろばかり書いていたのでは、あきがくる。それにてれる。」と語る。母の詩は五百以上だという。この『ちいさい秋みつけた』の「ちいさい　ちいさい秋」と、母ハルのことを慕わしい気持ちをもって「ちいさい　ちいさい母」との詠った言葉のフレーズに、何か似たようなもの、母の面影もが見えるようである。
　昭和29（1954）年にＮＨＫから仕事の依頼が来たハチローは、これまで小説や流行歌、映画主題歌などに取り組んできたが、「流行歌を作る人は何千人もいるけれど、子どもたちの歌を本当に打ち込んで作る人は何人もいない。大人の歌はもう書かない。」といって、子どものための歌に専念し始め、のちに、日本童謡協会（注2）の初代会長を務めた。

作曲の中田喜直は、オルガンと和声学の教授だった父を持つ。喜直の幼少の頃、父は、学生たちの書いた和声学の答案をピアノを弾きながら一日中直している。そのピアノの音を喜直は聞きながら育った。美しい音、汚い音を聞く中で、ハーモニーの良否の区別を身体で自然に感覚的に覚え込んでしまったとされる。東京音楽学校を卒業した喜直は、ピアノ曲、歌曲など沢山の作品を作りあげたが、父、章作曲の春を歌った有名な「早春賦」に敬意を表して、＜春＞の作品は作らなかったという。喜直の子どもの歌の特徴は、簡素で単純ではあるが、叙情性豊かな美しい旋律に、きれいな和声の伴奏が付いている。
　この「ちいさい秋みつけた」に、ハチローは、「若手ながら素直で品のいい曲を書くから」と喜直の作品を褒め、作曲依頼をした。喜直もこの詩に対して、「サトウさんの詩にはリズムがあるでしょ。ボクはことばに忠実にと心がけただけ。」とお互いを褒め、気の合うコンビとなった。コンビ作品は「さわると秋がさみしがる」「お月さんとぼうや」「とんとんともだち」など数多い。
　喜直は、音楽以外にも、2つの運動を起こした。「細幅鍵盤運動」と「嫌煙家運動」である。自分の手が小さくてピアノを弾くのに苦労したことから、鍵盤の幅を細くすることを提唱し、自分用のピアノを作り、演奏を依頼された時にはそのピアノを運んだとされる。そして、嫌煙については、「子どもの頃は童謡を聞いて育ち、大人になったら煙草を吸わない。そういう人に悪い人はいない。」と提唱した。

　歌うときは、＜だれかさんが＞と、＜ちいさい秋＞、同じ言葉の繰り返しに対し、＜ｍｐ＞とだけ記されているが、無表情に同じ調子で繰り返さずに、変化をつけて、語りかけるように丁寧に歌いたい。＜目隠しおにさん＞からは、少し軽く、リズミカルに。＜すましたお耳に＞からも付点リズムはあるが、リズムだけを強調せずに、言葉の意を感じてしっとりと落ち着いて。最後に3回繰り返される「ちいさい秋」も、思いを馳せて工夫して歌いたい。3番最後の＜みつけた＞の＜た＞の高い音は、＜ｐ＞とあるが、発声が難しいので、柔らかさは失せず、＜ｐ＞よりも声を伸びやかに出して良い。しかし、決して力まずに。

(注1)「母ハル」と記された資料もある。
(注2) 日本童謡協会は、先人のすぐれた童謡を受け継ぎ、現代の子どもたちに愛される新しい童謡の創作をめざし、昭和44(1969)年に創立。昭和59(1989)年には、毎年7月1日を「童謡の日」と制定。平成元(1989)年には、文部省より社団法人として認可、平成25(2013)年には内閣府より一般社団法人として認可。初代会長はサトウハチロー、2代会長は中田喜直、現会長は湯山昭。

　以上、16作品について眺めてきたが、作品の古い順に並べ眺めてみると、漢字の多い歌詞から平仮名へと、難解から平易へと、言い換えれば、文語体の作品が、口語体に変わり、芸術的な要素も加わり、子どもの心に直接響く言葉へと、歌詞は時代と共に変わってきたのであった。しかし、それらの作品は、どの時代も真に子どもの育みを思い、作詞者、作曲者など人の思いが、願いが込められた歌ばかりであった。＜難解＞と言われた歌詞をもつ歌も、大人になれば理解もでき、格調ある美しい歌として蘇る。先人が生きた時代、生活を窺い知ることが出来る日本の歌、価値ある歌として大切に歌い継いでいきたいものである。

資料1　作品の発表、作詞者、作曲者、初版

作品名	発表	作詞・作曲・初版
夏は来ぬ	1896年（明治29）	佐佐木信綱作詞　小山作之助作曲『新編教育唱歌　集（五）』
お正月	1901年（明治34）	東くめ作詞　滝廉太郎作曲『幼稚園唱歌』（共益商社書店）
海（文部省唱歌）	1913年（大正2）	作詞・作曲不詳　『尋常小学唱歌（五）』
浜千鳥	1919年（大正8）	鹿島鳴秋作詞　弘田龍太郎作曲『少女号　新年号』（曲は大正9年）

せいくらべ	1919年（大正8）	海野　厚作詞　中山晋平作曲『少女号』（曲は大正12年『子供達の歌　第3集』白眉出版社）
夕日	1921年（大正10）	葛原しげる作詞　室崎琴月作曲　童謡雑誌『白鳩』
ゆりかごのうた	1921年（大正10）	北原白秋作詞　草川信作曲　童謡童話雑誌『小学女生 上』（詩は1922年『赤い鳥』）
七つの子	1921年（大正10）	野口雨情作詞　本居長世作曲　児童文学雑誌『金の船　第3巻第7号』
シャボン玉	1922年（大正11）	野口雨情作詞　中山晋平作曲　仏教児童雑誌『金の塔』（大日本仏教コドモ会）
どこかで春が	1923年（大正12）	百田宗治作詞　草川信作曲　『小学男生』（実業之日本社）
うれしいひなまつり	1935年（昭和10）	サトウハチロー（*）作詞　河村光陽作曲　レコード発売（ポリドール、キング、コロンビア）詩 1936年
たなばたさま	1941年（昭和16）	*権藤はなよ作詞　下總皖一作曲『ウタノホン（下）』
みかんの花咲く丘	1946年（昭和21）	加藤省吾作詞　海沼実作曲　NHKラジオ番組『空の劇場』で発表
みどりのそよ風	1948年（昭和23）	清水かつら作詞　草川信作曲　NHKラジオ
とんぼのめがね	1949年（昭和24）	額賀誠志作詞　平井康三郎作曲　NHKラジオ「幼児の時間」放送
ちいさい秋みつけた	1955年（昭和30）	サトウハチロー作詞　中田喜直作曲　NHK放送記念芸能祭『秋の祭典』特別番組

資料2　作詞者、作曲者の生没・出身・人物・他の歌作品の一部

生没（西暦）・和暦	出身・人物	他の歌作品の一部
作詞者		
佐佐木信綱(1872-1963) 明治5－昭和38	三重：国文学者、歌人、詩人、万葉学者	
東くめ(1877-1969) 明治10－昭和44	和歌山：童謡詩人、音楽教師、ピアノ教師。	『水あそび』
鹿島 鳴秋(1891-1954) 明治24－昭和29	東京：童話作家・詩人、雑誌『少女号』の編集発行。	『金魚の昼寝』『お山のお猿』
葛原しげる(1886-1961) 明治19－昭和36	広島：詩人・童謡作詞家。	『村祭』『とんび』『キューピーさん』『お山の細道』
北原白秋(1885-1942) 明治18－昭和17	熊本：詩人、童謡作家、歌人。	『アメフリ』『赤い鳥小鳥』『この道』『ペチカ』『待ちぼうけ』『ちゃっきり節』
野口雨情(1882-1945) 明治15－昭和20	茨城：童謡・詩人・地方民謡作詞家、新仏教音楽創作	『赤い靴』『青い目の人形』『黄金虫』『十五夜お月さん』『証城寺の狸囃子』
海野 厚(1896-1925) 明治29－大正14	静岡：歌人、俳人、童謡作家	『おもちゃのマーチ』
百田宗治(1893-1955) 明治26－昭和30	大阪：詩人、児童文学者、作詞家。児童詩・作文教育	
権藤はなよ(1899-1961) 明治32－昭和36	山梨：童謡詩人、作詞家	『数え歌』『羽根つき』
額賀誠志(1900-1964) 明治33－昭和39	福島：開業医師、童謡作詞家	『ねんねんころりん』『山のお医者さま』

サトウハチロー （1903-1973） 明治36－昭和48	東京：作家、詩人	『ちいさい秋みつけた』『かわいいかくれんぼ』『わらいかわせみに話すなよ』
加藤省吾（1914-2000） 大正3－平成12	静岡：作詞家	『お花のホテル』『かわいい魚屋さん』校歌
清水かつら（1898-1951） 明治31－昭和26	東京：童謡詩人	『雀の学校』『叱られて』
作曲者		
小山作之助（1863-1927） 文久3年－昭和2	新潟：教育者、作曲家	『教育勅語唱歌』『春夏秋冬 花鳥唱歌』
滝　廉太郎（1879-1903） 明治12－明治36	東京：作曲家。	『荒城の月』『箱根八里』『花』『水遊び』
中山晋平（1887-1952） 明治20－昭和27	長野：作曲家（童謡・流行歌・新民謡等）	『砂山』『てるてる坊主』『証城寺の狸囃子』『兎のダンス』『肩たたき』
室崎琴月（1891-1977） 明治24－昭和52	富山：作曲家。教育者。東京の中央音楽学校設立	『羽衣』
弘田龍太郎（1892-1952） 明治25－昭和27	高知：作曲家。	『鯉のぼり』、『雀の学校』、『春よこい』、『靴が鳴る』
草川　信（1893-1948） 明治26－昭和23	長野：作曲家	『夕焼け小焼け』『汽車ポッポ』『風』『ふうりん』
本居長世（1885-1945） 明治18－昭和20	東京：作曲家	『汽車ぽっぽ』『十五夜お月さん』
下總皖一（1898-1962） 明治31－昭和37	埼玉：作曲家・音楽教育者。	『花火』『ホタル　コイ』『野菊』『蛍』
平井康三郎（1910-2002）	高知：作曲家	『ゆりかご』『九十九

明治43－平成14		里浜』
河村光陽（1897-1946） 明治30－昭和21	福岡：作曲家	『ほろほろ鳥』『かもめの水兵さん』『仲良し小道』『早起き時計』『グッドバイ』『早起き時計』
海沼　実（1909-1971） 明治42－昭和46	長野：童謡作曲家	『お猿のかごや』『からすの赤ちゃん』『あのこはだあれ』『里の秋』
中田喜直（1923-2000） 大正12－平成12	東京：作曲家、ピアニスト	『かわいいかくれんぼ』『あひるの行列』『めだかの学校』『夏の思い出』

参考文献

・JAPONICA（大日本百科事典7、11、15）　小学館　1970
・童謡のふるさと　上　笙一郎　理論社　1975
・北原白秋童謡集（解説）藤田圭雄　彌生書房　1976
・野口雨情童謡集（解説）藤田圭雄　彌生書房　1976
・童謡さんぽ道　上　渋谷清視　鳩の森書房　1979
・歌をたずねて　毎日新聞学芸部　音楽之友社　1983
・母と子のうた　長田暁二　時事通信社　1989
・「みかんの花咲く丘　わが人生」加藤省吾　芸術現代社　1989
・童謡の散歩道　藤田圭雄　日本国際童謡館　1994
・洋楽導入期の唱歌　聖徳学園岐阜教育大学紀要　第34集　深貝美子　1997
・人間の記録　サトウハチロー　落第坊主　サトウハチロー　日本図書センター　1999
・原典による近代唱歌集成－解説・論文・索引　安田寛　ビクターエンタテイメント　2000

- 童謡大学 童謡へのお誘い　横山太郎　自由現代社　2001
- 童謡と唱歌　歌唱の歴史1，2　池田小百合　夢工房　2002
- あした　童謡詩人　清水かつら　別府明雄　白峰社　2002
- 愛唱歌ものがたり　読売新聞文化部　岩波書店　2003
- 唱歌/童謡ものがたり　読売新聞社事業部　岩波書店　2003
- もっと好きになる日本の童謡　池田小百合　有森出版社　2004
- 覚えておきたい日本の童謡・唱歌名曲50選　長田暁二　中経出版　2004
- 日本のうた　こころの歌 2,3,7,8,18,27,34,43,52,82　田中修二監修　(株)デアゴスティーニ・ジャパン　2004 － 2007
- 教科書にでている童謡・唱歌のふるさと①、②、③　大賀寛監修（(株)岩崎書店　2006
- 日本の愛唱歌　1000字でわかる名曲ものがたり　長田暁一　ヤマハミュージックメディア　2006
- 日本人のしきたり　飯倉晴武　青春出版社　2007
- 懐かしき子供の遊び歳時記　榎本好宏　飯塚書店　2014

参考楽譜
- 日本童謡唱歌大系Ⅰ、Ⅳ、Ⅵ　藤田圭雄他　東京書籍　1997
- 原典による近代唱歌集成　原典印影Ⅱ、Ⅲ　安田寛　ビクターエンタテイメント　2000
- こどものうた大全集　歌い継がれて100年　CD収録244曲全楽譜集　小学館　2002
- 小学生の音楽1～6　教育芸術社　2015

参考CD
- 原典による近代唱歌集成「十二」「十九」ビクター　KCDK-1392、1399
- 日本歌曲全集②　ビクター　KCDK-1202
- すくすくのびのびこどものうた　コロンビア　GES-31413
- 由紀さおり　続、あの時この歌　東芝EMI　CA30-1382
- 島田祐子　こころの歌第1集　ソニー　32DH794

＜著者紹介＞　深貝美子（ふかがいよしこ）

岐阜出身。愛知県立芸術大学声楽専攻卒業。40年の間に作った自作童謡作品は、「童謡館Ⅰ～Ⅹ」や「歌って踊って身体表現遊び」等に収めた。10冊目の「さよなら　またね」は、卒園の歌特集である。自作詩作曲による青少年の為のオペレッタ作品は、「はだかの王様」「シンデレラ」。それらの作品はすべて幼小中学校での鑑賞演奏として、あるいは、ステージでの演奏、ソプラノリサイタルやオーケストラとの共演、童謡コンサート、日舞・ジャズ・箏とのオリジナルコンサートで発表演奏してきた。及び、童謡のワークショップも行う。大学では、声楽の他、保育や初等音楽の講義も行う。論文は「洋楽導入期の唱歌」等。現在、岐阜聖徳学園大学教育学部教授。日本音楽教育学会、日本保育学会、日本童謡協会等会員。

歌い継ごう　日本の歌
～詩・曲の生い立ち、背景にあるもの、歌い方について～

2016年 9月20日　初版発行

著　者　　深貝　美子

定価（本体価格 500円+税）

発行所　　株式会社　三恵社
〒462-0056 愛知県名古屋市北区中丸町2-24-1
TEL 052 (915) 5211
FAX 052 (915) 5019
URL http://www.sankeisha.com

乱丁・落丁の場合はお取替えいたします。
ISBN978-4-86487-563-9 C1073 ¥500E
日本音楽著作権協会（出）許諾第１６０９７５１－６０１号